RÉSUMÉ

DES

TRAVAUX SCIENTIFIQUES

DE

M. A. GERMAIN,

INGÉNIEUR HYDROGRAPHE DE LA MARINE.

PARIS,

GAUTHIER-VILLARS ET FILS, IMPRIMEURS-LIBRAIRES

DU BUREAU DES LONGITUDES, DE L'ÉCOLE POLYTECHNIQUE,

Quai des Grands-Augustins, 55.

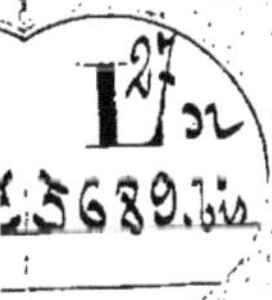

RÉSUMÉ

DES

TRAVAUX SCIENTIFIQUES

DE

M. A. GERMAIN,

INGÉNIEUR HYDROGRAPHE DE LA MARINE.

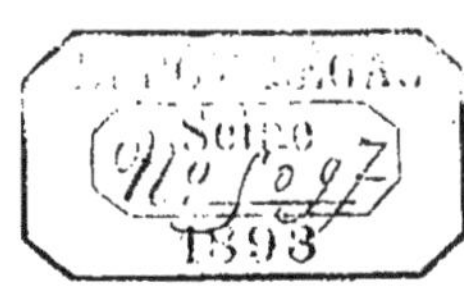

PARIS,

GAUTHIER-VILLARS ET FILS, IMPRIMEURS-LIBRAIRES

DU BUREAU DES LONGITUDES, DE L'ÉCOLE POLYTECHNIQUE,

Quai des Grands-Augustins, 55.

RÉSUMÉ

DES

TRAVAUX SCIENTIFIQUES

DE

M. A. GERMAIN,

INGÉNIEUR HYDROGRAPHE DE LA MARINE.

PRINCIPALES DATES DE LA CARRIÈRE D'INGÉNIEUR.

1861-1864. Campagne de la mer des Indes, à bord de la frégate *l'Hermione*.

1867. Médaille d'or de la Société de Géographie pour le *Traité des projections des Cartes géographiques*.

1867-1868. Mission du Bureau des Longitudes pour la détermination des méridiens fondamentaux de Zanzibar, Mascate, la Réunion.

1869-1870. Répétiteur de Géodésie et d'Astronomie à l'École Polytechnique.

1872-1873. Chef de la mission hydrographique des côtes sud de France.

1877. Chef de la mission hydrographique de la rade de Brest.

1878. Membre du Jury des récompenses à l'Exposition universelle de 1878.

1880. Chef de la mission hydrographique de la baie de Seine.

1882. Chef de la mission hydrographique des côtes ouest de France.

1884. Chef de la mission hydrographique de la Corse.

1884. Lauréat de l'Institut pour ses travaux scientifiques et notamment pour son *Traité d'Hydrographie*.

1885. Détermination de la *déviation de la verticale* sur les côtes sud de France.

1887-1888. Président de la Commission centrale de la Société de Géographie.

1889. Membre du Jury des récompenses de l'Exposition universelle de 1889.

1889. Président de la Commission d'Ingénieurs, envoyée dans l'isthme de Panama pour étudier les travaux exécutés et ceux restant à faire pour achever le canal.

1886-1893. Chef du Service des Cartes de la Marine.

TRAVAUX HYDROGRAPHIQUES.

Campagne des côtes orientales d'Afrique à bord de la frégate *l'Hermione* (1861-1864). — Levé d'une partie de la côte de Madagascar entre l'île Fong et Sainte-Marie.

Levé détaillé des plans de Tamatave, Fénérive et Foulpointe.

Levés du plan de Mascate et de celui de la rade de Saint-Paul (Réunion).

Ces divers levés ont été publiés par le Dépôt de la Marine, ainsi que les instructions nautiques rédigées sous le nom de : *Madagascar, côte orientale, partie comprenant l'île Fong, Tamatave, Foulpointe, Fénérive, Tintigue et Sainte-Marie.*

Revision de l'hydrographie des côtes sud de France (1871-1873). — Travail exécuté entre les frontières d'Espagne et d'Italie, avec le concours de MM. Hatt, Hanusse et Bouillet, sous-ingénieurs.

Mise à jour des cartes et des plans de la côte sud de France. Nouveau levé du golfe de Foz et des côtes de la Camargue et de la côte de France entre le Rhône et Cette. Étude détaillée du régime des eaux à l'embouchure du Rhône. Cette étude a fait l'objet d'un mémoire publié par le Dépôt de la Marine sous le titre de : *Rapport sur l'état de l'embouchure du Rhône et du golfe de Foz en* 1872.

Nouvelle reconnaissance de la rade de Brest (1877). — Ce travail, exécuté avec le concours de MM. Hatt, ingénieur, et Renaud, Favé, Garnier, sous-ingénieurs, et complété par l'étude des courants de marée en dix-sept points de la rade, a été publié par le Dépôt de la Marine en 1879.

Reconnaissance hydrographique de la baie de Seine (1880). — Ce travail, exécuté avec le concours de MM. Favé, Mion, La Porte, sous-ingénieurs, en vue de servir de base à l'étude des questions d'endiguement de la basse Seine et des travaux à exécuter pour la protection et l'amélioration du port du Havre, a donné lieu à la publication par le Dépôt de la Marine de cartes nouvelles des abords du Havre et d'un mémoire intitulé : *Étude comparative des états de la basse Seine et des environs du Havre* en 1875 et en 1880.

Mission des pertuis d'Antioche et de Maumusson (1882). — Exécutée avec le concours de MM. les ingénieurs Renaud, La Porte et Driencourt, la reconnaissance complète de la côte d'Oléron, de l'embouchure de la Charente et de la côte, entre cette embouchure et la Gironde, a permis la publication de quatre nouvelles cartes en 1883-1884.

Cette reconnaissance a été complétée la même année par l'étude de l'établissement à Royan d'un port en eau profonde.

Nouvelle reconnaissance hydrographique de l'île de Corse en 1884. — Chargé de procéder à un nouveau levé des côtes de la Corse dont les cartes ne répondaient plus aux besoins de la navigation à vapeur, j'ai dû, après avoir levé les plans de Bastia, de Porto-Vecchio et de la partie française des bouches de Bonifacio, rentrer en France pour cause de santé.

Publication de cartes non originales. — Dans ma carrière d'ingénieur, j'ai été appelé, pendant ma présence au Dépôt de la Marine, à dresser et publier un grand nombre de cartes hydrographiques à l'aide de documents étrangers. Il n'est point intéressant d'en donner ici la liste.

TRAVAUX ASTRONOMIQUES.

Mission des méridiens fondamentaux. — Organisée et dirigée par le Bureau des Longitudes en 1867-1868 (Commissaires : MM. Faye, Yvon Villarceau, Laugier).

A la suite d'un Rapport adressé au Ministre de l'Instruction publique par le Bureau des Longitudes, l'Amiral, Ministre de la Marine et des Colonies, décidait, en 1866, que des officiers et des ingénieurs hydrographes de la Marine seraient dirigés sur différents points du globe dans le but de déterminer, par des observations de *culminations lunaires*, les positions d'un certain nombre de méridiens fondamentaux devant servir à assurer les longitudes des lieux intermédiaires. Je reçus la mission de me rendre à la Réunion, Zanzibar, Mascate et Pondichéry; des circonstances indépendantes de ma volonté m'obligèrent à me borner aux trois premières stations.

A Zanzibar, j'ai obtenu la longitude par 14 passages du premier bord de la Lune au méridien et 9 passages du second bord.

La latitude a été déterminée à l'aide de la hauteur méridienne de 4 étoiles culminant au nord du zénith et de 5 étoiles culminant au sud.

A Mascate, j'ai observé 14 passages du premier bord et 12 du second. La latitude a été déterminée par l'observation de la hauteur méridienne de 4 étoiles culminant au nord du zénith et de 3 culminant au sud.

A Saint-Denis de la Réunion, j'ai observé 13 passages du premier bord et 12 du second. La latitude a été déterminée par l'observation de 8 étoiles voisines du zénith.

Les longitudes ont été calculées au moyen des ascensions

droites données par la *Connaissance des Temps* et corrigées des erreurs tabulaires qui ont pu être déterminées par la comparaison avec les ascensions droites observées à Greenwich et à Washington.

Sur le Rapport de la Commission des méridiens fondamentaux (composée de MM. Faye, Yvon Villarceau, Darondeau, Laugier) le Bureau des Longitudes décida « qu'un témoi-» gnage officiel de satisfaction serait adressé à M. Germain, » que ses observations seraient publiées *in extenso* dans la » *Connaissance des Temps* pour 1870 et 1871, et que les » longitudes déterminées par lui seraient adoptées dans la » Table des positions géographiques ». Les longitudes différaient de celles adoptées jusqu'alors de — 26ˢ pour Zanzibar, de — 0ˢ,6 pour Mascate et de — 12ˢ pour Saint-Denis de la Réunion.

Détermination de la déviation de la verticale sur les côtes sud de France (1885). — A Nice et à Marseille les lunettes méridiennes des observatoires ont été reliées à la triangulation de la France afin d'en obtenir les coordonnées géodésiques.

A Saint-Raphaël et à Toulon la latitude astronomique du pilier d'une lunette méridienne portative à microscopes a été déterminée par l'observation de 122 culminations d'étoiles dans le premier lieu, de 161 dans le second. Ces piliers ont été reliés à la triangulation de la France.

En comparant les résultats des observations astronomiques aux coordonnées géodésiques des mêmes points, on a trouvé qu'à l'observatoire du Mᵗ Gros, près de Nice, l'attraction de la verticale est de 16″,6 vers le Nord, négligeable dans le sens perpendiculaire ; elle est de 12″,7 vers le Nord à Saint-Raphaël; de 14″ à l'observatoire de la Marine à Toulon. A l'observatoire national de Marseille, l'attraction de la verticale est de 5″,2 vers le Nord dans le plan méridien, de 5″,1 vers l'Est dans le plan perpendiculaire, soit de 7″,0 dans un plan faisant avec le méridien un angle d'environ 45°, compté du Nord vers l'Est.

Il résulte de ces quatre déterminations que, sur la côte sud de France, le continent attire la verticale et que les choses semblent se passer comme si l'attraction était exercée par un point situé au nord de Nice, dans le massif des Alpes.

PUBLICATIONS DE GÉOGRAPHIE MATHÉMATIQUE.

Traité des projections des cartes géographiques. Représentation plane de la sphère et du sphéroïde (1 vol. in-8).

Lorsqu'un géographe instruit se propose de dresser une carte nouvelle, il doit se demander tout d'abord quel but elle doit atteindre, quel rôle elle est appelée à remplir dans l'étude de la Science, et choisir le mode de représentation, la *projection* qui convient le mieux à cet objet; de cette projection dépend, en effet, la mesure des erreurs dont l'ensemble est inévitable dans la représentation de la sphère ou du sphéroïde sur un plan, mais dont chacune séparément peut être diminuée ou même entièrement annulée à la condition d'augmenter les autres. C'est ainsi que les cartes marines, qui doivent figurer la route du navire par la ligne la plus facile à construire et à mesurer en grandeur et en direction, sacrifient dans ce but l'étendue relative des contrées dont la connaissance importe peu pour les besoins de la navigation. Une carte céleste doit, de même, conserver les formes des constellations et les alignements qui permettent de les reconnaître; mais une carte physique destinée à l'étude et à la mesure des terrains de diverses natures, par exemple, ne pourra être dressée d'après les mêmes lois et devra, au contraire, conserver intégralement l'étendue relative des pays qu'elle embrasse, de même qu'une carte politique destinée à donner une idée exacte de l'importance de chaque nation ou de chaque province.

Mais ce n'est pas tout : telle projection qui serait excellente pour représenter un pays très étendu en latitude ne conviendra nullement pour un autre dont la plus grande dimension sera, au contraire, dans le sens des longitudes, ou qui ne sera pas placé de la même manière par rapport à l'équateur, ou dont encore l'étendue et la forme seront très différentes.

Il est impossible de donner des règles fixes pour le choix du système qui convient le mieux à la représentation de chaque pays et à l'objet que doit remplir la carte; car, lors même que l'on évaluerait, en chaque point, les erreurs inhérentes à chaque tracé, il serait impossible de comparer entre eux, d'une manière absolue, des systèmes tout différents qui, n'atteignant pas le même but, ne peuvent répondre aux mêmes besoins. Mais il est possible, du moins, de guider le géographe dans le choix qu'il doit faire, en lui montrant les avantages et les inconvénients de chaque mode de projection, et lui rendant facile l'appréciation des diverses sortes d'erreurs dans les limites où chacun de ces tracés peut être utilement adopté.

C'est dans ce but que j'ai entrepris cet Ouvrage.

Beaucoup d'auteurs ont traité ce sujet, depuis Ptolémée jusqu'à nos jours; la plupart, n'ayant en vue qu'un système unique, l'ont préconisé outre mesure au détriment des autres déjà connus; d'autres, tels que Lambert, Lagrange, Euler, Gauss, Littrow, etc., ont traité la question à un point de vue théorique plus général, mais toujours très incomplètement. Quelques Traités des projections, tels que ceux de Jean-Tobie Mayer, de Steinhauser, de W. Hugues, etc., ont donné, sous forme élémentaire, les procédés graphiques de construction, sans éclairer le géographe d'une manière suffisante ni lui permettre d'évaluer les erreurs de chaque tracé. Dans aucun de ces Ouvrages, on ne trouve l'exposé de toutes les projections employées aujourd'hui, et encore moins de celles qui, proposées seulement, ont une utilité pratique pouvant, dans certains cas, les rendre préférables à d'autres.

Il faut bien l'avouer, cette lacune était encore plus grande en France que partout ailleurs; les grands noms que j'ai cités appartiennent presque tous à l'Allemagne; Lambert (né à Mulhouse) est celui qui revient le plus souvent dans l'histoire de cette branche de la Géographie, et l'on peut dire que l'illustre professeur de Berlin a doté l'art des projections de plus de méthodes ingénieuses et utiles que tous ceux qui se sont occupés du même sujet avant ou après lui. Il ne faut point cependant passer sous silence les noms de ceux qui, en France, ont fait faire un pas de plus à la Science : la Hire, Parent, de l'Isle, Sanson, Guillaume Petit, Bonne figurent dignement à côté des Mercator, des Mollweide, etc., et, de nos jours, MM. Bonnet, Tissot, C. Foucault, Collignon ont appliqué les Sciences mathématiques à la recherche de projections nouvelles et plus exactes, tandis qu'en Angleterre les Airy, les Herschel, les James, les Clarke se livraient de leur côté à de nouvelles études sur ce sujet.

Je crois n'avoir rien négligé de ce qui peut importer à l'étude de la Géographie; j'ai consulté, traduit moi-même ou fait traduire sous mes yeux tous les auteurs qui, en s'occupant de ce sujet, ont fait progresser la Science: leur nombre était grand; il m'a fallu choisir entre leurs différentes méthodes, les élucider souvent, les compléter presque toujours. J'ai pensé que, si l'examen et l'exposé de chaque projection en particulier ne suffisait pas pour rendre intelligible et raisonnée l'étude du grand nombre de systèmes dont plusieurs atteignent le même but, la théorie générale seule ne pourrait servir de guide suffisant au géographe qui n'a pas toujours le temps d'étudier les formules et d'en déduire toutes les conséquences pratiques : j'ai donc partagé mon Ouvrage en deux grandes Parties; l'une, exclusivement théorique, dans laquelle les projections les plus importantes ne figurent que par leur loi de formation et leurs propriétés générales, tandis que d'autres, d'un usage moins général, y sont traitées avec des détails suffisants pour en permettre l'emploi à un géographe instruit; l'autre Partie, purement pratique, qui étudie en détail les principaux systèmes et en expose les modes de construction les plus exacts et les plus rapides.

Dans la première Partie, j'ai d'abord exposé les connaissances et les formules indispensables à l'intelligence des Chapitres suivants, donné les moyens généraux de construire les détails sur les canevas préalablement tracés, de mesurer les distances des points, de tenir compte de la forme sphéroïdale de la Terre; puis j'ai partagé l'ensemble des systèmes de représentation en deux grandes classes :

1° Les projections *orthomorphes* qui jouissent de la propriété de ne pas altérer les angles, d'où il résulte que chaque contrée de peu d'étendue présente la forme qu'elle a réellement sur le globe;

2° Les projections *équivalentes* qui conservent l'étendue relative des surfaces.

Après avoir étudié ces deux groupes au point de vue général, et avoir dit quelques mots de chacun des systèmes qui les composent, j'ai considéré dans leur ensemble :

1° Les projections *zénithales*, c'est-à-dire qui peuvent être regardées comme des représentations géométriques de la sphère sur le plan de l'horizon d'un lieu quelconque; dans cette classe, sont comprises les projections perspectives dont j'ai fait un Chapitre spécial à cause de leur importance;

2° Les projections par développement cylindrique ou conique, c'est-à-dire celles qui peuvent être considérées comme des développements de surfaces destinées à remplacer, dans l'étendue du pays à représenter, la surface de la sphère qui n'est pas développable.

Enfin j'ai terminé cette Partie théorique en donnant les moyens d'évaluer les erreurs de chaque projection en tout point défini par sa latitude et sa longitude, et de comparer par conséquent les divers systèmes qui sembleraient à première vue convenir également au tracé d'une même contrée. J'ai ensuite examiné rapidement la question de la représentation de la surface du globe en une ou deux cartes seulement, et donné, pour la construction des cartes générales ou particulières, quelques conseils qui n'ont pas d'autre prétention que d'appeler l'attention du géographe sur l'importance d'une projection convenable et sur la nécessité de connaître parfaitement les avantages et les inconvénients de chaque système pour choisir celui qui convient le mieux à la carte qu'il se propose de construire et à l'objet qu'elle doit remplir. Il est presque inutile d'ajouter que les difficultés du tracé ne devront jamais arrêter le géographe lorsqu'il en résultera des avantages dans l'usage journalier des cartes; car, ainsi que le dit Lacroix dans son *Introduction à la Géographie mathématique*, le dessin de la projection est toujours, pour un géographe instruit, la moindre des difficultés que présente l'exécution d'une carte.

Dans la seconde Partie, j'ai exposé en détail les procédés graphiques de construction d'un certain nombre des projections les plus importantes que je n'avais étudiées qu'au point de vue théorique dans les Chapitres précédents. J'ai aussi donné les moyens d'évaluer les erreurs d'angles, de distances et de surfaces, de construire les angles en véritable grandeur, de mesurer les distances des divers points, etc., lorsque les constructions ou les calculs que nécessitent ces opérations peuvent s'effectuer simplement et conduisent à des résultats importants. Des Tables, calculées par moi ou reproduites après vérification, rendront plus facile et surtout plus rapide le tracé de chaque canevas. J'ai tenu compte de l'aplatissement de la Terre toutes les fois qu'il pouvait être utile de le faire. J'ajouterai que certains détails que j'ai donnés et qui, pour quelques systèmes, pourraient sembler étrangers à la question de la construction des cartes, seront d'une grande utilité pour passer d'un système à un autre, soit dans la reproduction de cartes étrangères, soit dans la construction des cartes d'ensemble dont les différentes parties n'auront pas été dressées d'après la même projection.

Dans les planches qui accompagnent cet Ouvrage j'ai tracé les différents canevas que peuvent former les méridiens et les parallèles de 10° en 10°; j'ai pensé qu'en appliquant les différents systèmes de projection à la représentation du globe entier, ou au moins d'un hémisphère, on apprécierait plus facilement les avantages et les défauts de chacun d'eux et les limites dans lesquelles on peut utilement les employer. Pour rendre la comparaison plus aisée, j'ai adopté une sorte d'échelle commune : c'est la longueur qui représente le degré au centre de chaque canevas; cette longueur est de $\frac{1}{2}$ millimètre, ce qui revient à supposer que chaque projection est faite sur un plan tangent à une sphère d'un rayon égal à $0^{m},028648$ environ. Le centre du canevas a toujours été pris sur le méridien de Paris.

Cet Ouvrage, qui, depuis l'époque de sa publication, a été maintes fois cité dans les travaux publiés à l'étranger sur le même sujet, a valu à son auteur une médaille d'or de la Société de Géographie.

PUBLICATIONS RELATIVES A L'HYDROGRAPHIE.

Traité d'Hydrographie; levé et construction des cartes marines. — Ouvrage publié par ordre de M. le Ministre de la Marine (2 vol. grand in-8°; 1882).

M. l'amiral Mouchez, dans son Rapport sur mes travaux (séance de l'Académie des Sciences du 5 mai 1884), s'est exprimé ainsi :

« Les jeunes ingénieurs hydrographes sortant de l'École Polytechnique et les officiers de Marine qui voulaient compléter leur instruction pour pouvoir convenablement exécuter des travaux hydrographiques en cours de campagne, dans des parages peu connus encore, n'avaient à leur disposition aucun Ouvrage didactique de quelque valeur; ils ne pouvaient consulter que des Notices fort élémentaires, faisant partie des Ouvrages de navigation, ou la *Géodésie de Bégat à l'usage des marins,* excellent Traité, sans doute, mais fort incomplet, et dont le titre seul indique qu'il ne pouvait être très utile aux officiers de Marine, bien qu'il leur fût spécialement destiné. En dehors de ces Ouvrages, on ne pouvait guère trouver de bons documents à consulter, sur les méthodes hydrographiques, que dans les Rapports de fin de campagne des grands navigateurs qui, depuis d'Entrecasteaux à la fin du dernier siècle, jusqu'à Dumont-d'Urville, ont accompli ces célèbres voyages de circumnavigation dans le but d'étendre nos connaissances géographiques. Les ingénieurs attachés à ces missions : Beautemps-Beaupré, de Tessan, Vincendon-Dumoulin, etc., ont rédigé, au retour de leur voyage, des Mémoires fort étendus sur les opérations qu'ils avaient effectuées, et où chacun d'eux apportait son contingent de progrès et de nouvelles méthodes, qui forment encore aujourd'hui la base de la Science hydrographique; mais ces documents, épars dans de volumineuses collections de voyages, étaient difficiles à consulter, et les officiers en cours de campagne ne les avaient que bien rarement à leur disposition.

» C'était donc rendre un très grand service à la Marine que de résumer dans un seul Ouvrage toutes ces méthodes dues aux ingénieurs et aux navigateurs les plus célèbres, de les coordonner et de leur donner une base scientifique sérieuse, de manière à éclairer toujours la pratique par la théorie. C'est ce que vient de faire M. Germain, dans le remarquable Ouvrage dont je dois donner ici un aperçu. »

Dans la partie théorique de ce *Traité d'Hydrographie*, j'ai cru devoir, en utilisant principalement le Cours professé à l'École Polytechnique par M. Faye, introduire quelques notions sur les erreurs d'observation et sur la méthode des moindres carrés, qui permet d'apprécier ces erreurs, de les éviter ou du moins de les atténuer, et donne les corrections à faire subir aux observations avant de les utiliser dans les calculs pour obtenir les résultats les plus probables de mesures d'angles ou de longueurs. Ce Chapitre ne trouvera que rarement son application pratique dans les campagnes lointaines, mais les articles relatifs aux compensations d'un réseau trigonométrique pourront être consultés dans les travaux qui, comme ceux de la revision de nos côtes, réclament une grande précision.

Parmi les Chapitres relatifs aux opérations à la mer ou sur le terrain, je citerai principalement, comme entièrement nouveaux, ceux qui traitent de la mesure des angles et des erreurs instrumentales et d'observations des levés topographiques, des sondes, des observations de marées tant sur les côtes que dans les rivières, et celui qui est consacré aux observations astronomiques servant soit à la mesure d'une grande base, soit à la détermination des positions géographiques et à l'orientation d'un levé. Je me suis étendu principalement sur les méthodes qu'il convient d'employer à terre et qui réclament l'emploi d'instruments plus précis (théodolite, lunette méridienne) que ceux qu'il est possible d'utiliser à bord. J'ai décrit avec assez de détails l'application du télégraphe électrique à la détermination de la différence de longitude de deux points reliés par une ligne aérienne ou par un câble sous-marin; les appareils et les procédés proposés par M. Lœwy et adoptés en France ont été particulièrement indiqués.

Un Chapitre spécial est consacré aux nivellements barométrique, topographique et géodésique, question fort incomplètement traitée dans tous les anciens Ouvrages d'Hydrographie maritime.

D'autres Chapitres exposent les méthodes qui conviennent spécialement lorsque le temps dont on dispose, les difficultés de débarquement, obligent à renoncer à l'emploi des procédés d'une grande précision dont l'application nécessiterait souvent un temps hors de proportion avec l'importance et l'utilité que peuvent présenter, au point de vue de la navigation, le simple levé d'un plan de port, de baie ou de rivière, la reconnaissance d'une île, d'un danger, etc.

Enfin le dernier Chapitre donne quelques renseignements complémentaires sur l'observation des courants, sur les vues de côte et sur les grandes sondes à l'aide de lignes métalliques, dont l'introduction récente dans la Marine a rendu tant de services pour l'étude du fond des mers et qui ont été si remarquablement utilisées par M. A. Milne-Edwards dans ses belles et fructueuses campagnes du *Talisman* et du *Travailleur*.

J'ai donné des types de calculs de la plupart des formules de Géodésie, d'Astronomie et d'Hydrographie dont l'emploi se présente dans la rédaction d'un levé et la construction d'une carte, et calculé de nombreuses Tables en vue d'abréger les opérations numériques relatives à divers calculs géodésiques ou astronomiques. Pour tous ces calculs, j'ai adopté l'aplatissement $\frac{1}{294}$ qui résulte de la comparaison des mesures d'arcs de méridien effectuées en différentes parties du globe. Si de nouveaux calculs ont conduit M. Faye à adopter pour valeur la plus probable de l'aplatissement le nombre $\frac{1}{292 \pm 1}$, la différence est tellement faible qu'elle ne saurait apporter d'erreur appréciable dans la pratique.

En poussant le calcul des Tables des latitudes croissantes jusqu'à la troisième décimale, j'ai donné le moyen d'appliquer directement le calcul aux triangulations dans lesquelles interviennent des observations astronomiques, et de construire immédiatement sur les cartes sans passer par l'intermédiaire des plans de projection.

A la suite du Rapport présenté à l'Académie des Sciences par M. l'amiral Mouchez et mentionné plus haut, l'Académie a bien voulu m'accorder, en 1884, le tiers du prix extraordinaire de six mille francs.

Instructions nautiques sur la côte orientale de Madagascar, entre Tintingue et l'île Fong.

Instructions nautiques sur les côtes sud de France (1re, 2e, 3e et 4e éditions).

PUBLICATIONS DIVERSES,

PRINCIPAUX MÉMOIRES SCIENTIFIQUES, RAPPORTS, ETC.

Parmi les Mémoires et les Rapports qui ont été publiés, soit directement, soit dans divers Recueils scientifiques, je citerai seulement les suivants :

Étude sur les ras de marée et les mouvements produits dans la baie de St-Paul (Réunion) (*Annales hydrographiques*, 1863).

Quelques mots sur l'Oman et le sultan de Mascate (Notes recueillies à Mascate pendant ma mission du Bureau des Longitudes), 1868.

Note sur Zanzibar et la côte orientale d'Afrique (Notes recueillies à Zanzibar pendant ma mission du Bureau des Longitudes), 1867.

Projet d'organisation d'un corps d'ingénieurs géographes chargé en France de tout ce qui concerne la Topographie et la Géographie terrestre et maritime (Mémoire présenté à la Chambre des Députés par M. Krantz en 1872).

Le premier méridien et la Connaissance des Temps, réponse à une Communication de M. Otto Struve à la Société de Géographie de Saint-Pétersbourg, 1875.

Rapport sur la partie de l'Exposition de Géographie de 1875 *relative à l'Hydrographie maritime.*

Plusieurs *Rapports sur les travaux des Commissions nautiques des ports de la côte de France,* insérés dans les *Recherches hydrographiques sur le régime des côtes,* etc.

Rapport sur la déviation de la verticale sur les côtes sud de France, 1887.

Rapport de la Commission nommée par le Ministre des Travaux publics pour étudier un projet de *Canal des Deux-Mers* faisant communiquer l'Océan avec la Méditerranée (1887).

19944 Paris. — Imprimerie GAUTHIER-VILLARS ET FILS, quai des Grands-Augustins, 55.

LABORA ET NOLI
CONTRISTARI